다시 눈부신 하루

姜笑耳 제 6시집
다시 눈부신 하루

엠_애드

| 시인의 말 |

올가을엔 다시 그 섬을 찾아가야겠다
햇살 찬란한 가을날 송악산 둘레길을 걷다가
나란히 바다에 몸을 내린 형제섬을 바라보면서
시 한 줄 쓰고 하늘 한번 보고
시 한 줄 쓰고 바다 한번 보고
시 한 줄 쓰고 바람에 몸을 맡긴 억새들처럼
세상 어딘가 쓸쓸하고 가난한 그늘에 언 가슴들에
광활한 불을 지펴야겠다
바람을 타고 타오르는 햇살들이여
바람을 타고 이글거리는 불꽃들이여

송악산에서 내려다보는 바다 물빛 닮은
시 한 줄 보내고 싶다
입추가 오기 전에 모닥불에 둘러앉은 이들에게

- 〈송악산 둘레길에서〉 일부

시를 쓰지 않고는 견디지 못하는
시 전공자로서, 국문학도로서
치열하게 시를 쓰며 걸어온 시간들

2022년 국민일보 신춘문예 신앙시 수상受賞에 이어
2023년 한국문학상 대상大賞을 받은 영광을 힘입어
더욱 고요하게 사유하며 제주살이와 여행,
도서관 여행과 문학에 대한 겸허한 꿈으로,
그리고 새롭게 되찾은 눈부신 기쁨을
이미지로 형상화하여 묶은 시집이다.

많은 이들에게 날아가서
그들 가슴에 소망의 빛과 위로가 되길 바라며
쌓아놓고 퇴고하며 망설이던 원고를
또 한 바구니에 담는다. 여섯 번째 시집이다.
시집을 낼 때마다
떨리는 마음으로 겸허의 기도를 배운다

펴낼 용기를 주신 빛의 주님께 감사드리며
이 시집을
수선화 향기 가득 샤론의 꽃을 사랑하는
모든 이들에게 바친다.

미소微小한 제비꽃을 사랑하는 마음으로

2025년 5월
시인 姜笑耳(姜美京 바울라)

1부
제주도 어느 날

섶섬에 가서 파도를 보았다 · 14

송당 동화마을 · 16

장밋빛 비늘 같이는 · 18

밀물과 썰물 · 19

송악산 둘레길에서 · 20

제주도 어느 날 · 22

모슬포 바다 · 24

능소화 핀 김녕 바닷가 · 25

무섭지 않은 이유 · 26

섶섬에 부는 명지바람 · 27

굴뚝 · 28

2부
섬 속에 섬

어느새 · 32
제주 공항에서 · 33
섬 속에 섬 · 34
석양 · 35
바닷가 찻집에서 · 36
섬 · 38
해안도로를 달리며 · 39
제주도 김녕 바다 · 40
기다리는 동안 · 41
바다에서 광야를 보았다 · 42
애월에서 만나다 · 44
제주에서 그녀를 그리다 · 45

3부
따스한 별 일지도

반납도서 · 48
아브락사스 · 50
꽃 이불 · 52
따스한 별 일지도 · 53
녹슨 자전거 - 너의 여신이 머무는 숲으로 · 54
키 큰 미루나무 · 56
나비 등에 업혀 가는 노을 · 58
비밀 · 59
그녀를 보고 싶다던 그 · 60
방아다리의 비밀 · 62
바람이 분다 · 64
우주에 흩어진 물방울들의 휘파람 · 65

4부
햇살과 공기의 틈에서 꽃이 필 때마다

꺼지지 않는 불 · 68

도서관 가는 길 · 70

눈 그친 오후의 거리 · 72

dust in the world · 73

살구꽃 흐드러졌던 어느 산골의 넉넉함을 · 74

관찰자 시점 · 76

실꾸리 · 78

생을 살아가는 지팡이 · 79

햇살과 공기의 틈에서 꽃이 필 때마다 · 80

꽃잎의 비가悲歌 · 81

안양역에서 본 납작 사람 · 82

5부
다시 눈부신 하루

손바닥에 내려오신 하얀꽃 · 86

성당 마당에서 하늘을 올려다보다 · 88

의왕 땅, 지구별 어디쯤 · 90

한 눈을 가리고 · 92

장례미사 · 94

두 여인 · 96

아네모네의 기다림1, 2, 3 · 98

긴 침묵의 보랏빛 회개가 끝나고 · 101

나목이 되고 싶다 · 104

달맞이꽃 · 106

고해실 앞에서 · 108

샤론의 꽃 · 110

귀환 그리고 돌 틈에 비둘기 · 112

빛과 소금 · 114

겨울나무의 품위 · 116

샛별로 뜨게 하소서 · 119

골고다 언덕에 그 여인 · 120

미사성제 · 122

촛불로 타다 · 125

동굴의 어둠을 뚫고 · 126

향유와 가시관 그리고 못 · 128

촛불 · 130

죽산 장미전쟁 · 132

붓꽃의 하루를 생각한다 · 134

감상평 · 138

프로필 · 142

1부
제주도 어느 날

섶섬에 가서 파도를 보았다

새벽마다 모래 해변에
허물을 벗어둔 하얀 포말
아침에 다시 가서 보니
난대성 풀잎마다 묻어 있다
바다가 치고 빠져나간
곳곳마다
제주 섬 안에 작은 섬
저고리 앞섶을 여미듯 여민 섬처럼
단아하게 홀로 앉아
사람의 살 내를 들이지 않는 빈 저고리 안에
풀들과 나무, 새들만 무성하다
서귀포시 보목동
오늘은 여행자들 마음에 진초록 밤알처럼 앉아
선홍빛, 노란빛 노을 메시지를 하늘에 띠운다
하얀빛 구름 메시지를 하늘에 띠운다
앞섶을 꼭꼭 여민 여인의 저고리를
풀어줄 이 누구일까

하루에도 몇 번씩 배들만
몇 바퀴씩 하얀 물살 일으키며 섬 주변을 돌다 나간다
아무도 허락하지 않는 도도한 여인의 저고리
섶섬

송당 동화마을

1.
제주도 동쪽 송당 동화마을에서 수국 천지를 만났다

눈빛 꽃빛 바다빛 수국 수국 수국 수국밭
끝 보이지 않는다
한 살림 잘 차리고 들판 가득 목수국이
삼각형 고깔모자 뒤집어 쓴 듯
합꽃들의 잔치
누구의 진심이 이렇게 모여 처녀의 꿈처럼 영롱할까
자잘한 꽃들이 모여 한 송이 수국꽃 된다지

이제는 쓸쓸하지 않을 외로움의
함지박
동쪽 송당에 수국꽃밭 바다를 이루고 있다
우리 마음 마음 하나씩 모여모여 바다가 될테지
우주의 어머니께서 수국밭에서 말씀하신다
　"괜찮아 괜찮아 너는 혼자가 아니란다
너의 외로움을 건너면
수국꽃처럼 한가득 우주를 안을 수 있단다"

2.
수국밭 한옆으로 개울 연못에 수련水蓮이
수줍은 새색시들처럼 물 위에 함초롬히 앉아 있다
꽃분홍, 분홍, 노랑, 하얀 수련
태양이 키 낮은 수련 꽃 꽃심에 노랗게 앉아
불탄다
본시 쓸쓸함이란 너의 마음이 내게 닿지 않는 일
지구의 심장이 쿵쿵 뛸 때마다 수련꽃 하나씩 피어나는지
하르르하르르 연못 위에 수련
너의 나신裸身 위에 핀
고요가 타고 있다

장밋빛 비늘 같이는

나는 다시 장밋빛 비늘을 벗고 생각하네

당신과 함께 있으면, 내가 어린애가 되는 시절 있었네

내겐 지금 장밋빛 비늘 같이는 날씬하지 못한 몸이 하나 있고

장밋빛 비늘 같이는 찬란하지 않은 꿈이 하나 있고

문고리를 잡고 울며 기도하는 생이 하나 있네

여전히, 비양도 섬*해변에 흘리고 온 장미 꽃잎 같은 시간

당신은 끝내 찾아오지 않고

내 안에서 꼿꼿이 잊어버리자고 하지만,

나는 다시 장밋빛 비늘을 벗고 생각하네

당신과 함께 있으면, 내가 어린애 되는 시절 있었네

* 제주 제주시 한림읍 협재리에 위치한 화산섬.

밀물과 썰물

서귀포 앞바다를 아무 생각 없이 바라본다
난출난출 걸어오는 파도의 앞발
고운 바람 고운 물결
밀려온 게 있으면 밀려가는 것도 있다고
바람의 어깨가 말했었지

서부간선도로가 막히는 건
하늘도 모른다고
바람의 어깨가 말했었지
무얼 위해 막히는 길을 뚫고 그녀를 찾아 왔을까
돌아가는 길마다 쓸쓸했을 노을의 심장
다시는 오지 말아야지 다짐했으리라
그리고 다시 오고야 마는 밀물이 된다
그는

송악산 둘레길에서

올가을엔 다시 그 섬을 찾아가야겠다
고단한 허리를 펴고
책 몇권 들고 비행기에 앉은 나비 날개로
사뿐히 날아
한 권의 시집이 되어
바다가 보이는 그 도서관 서가에 꽂혀져야겠다
바다 위에 윈드 서핑 대신, 바닷속 다이빙 대신
시를 캐내고 싶은 글 해녀가 찾아와
영혼을 한줄 한줄 파도 위에 써 내려간 문장들을
핥아주었으면

올가을엔 다시 그 섬을 찾아가야겠다
햇살 찬란한 가을날 송악산 둘레길을 걷다가
나란히 바다에 몸을 내린 형제섬을 바라보면서
시 한 줄 쓰고 하늘 한번 보고
시 한 줄 쓰고 바다 한번 보고
시 한 줄 쓰고 바람에 몸을 맡긴 억새들처럼
세상 어딘가 쓸쓸하고 가난한 그늘에 언 가슴들에
광활한 불을 지펴야겠다

바람을 타고 타오르는 햇살들이여
바람을 타고 이글거리는 불꽃들이여

송악산에서 내려다보는 바다 물빛 닮은
시 한 줄 보내고 싶다
입추가 오기 전에 모닥불에 둘러앉은 이들에게

2023.10.11.

* 송악산 : 제주도 서귀포시 대정읍 상모리에 있는 산. 單性火山이면서 꼭대기에 2층 분화구가 있다.

제주도 어느 날
- 동화마을에서

창밖으로 보슬비 빗금으로 쏟아지고
바람은 눈을 크게 뜨고 누군가를 기다린다

비 그치고
뒷마당에 울렁대는 8월의 햇볕 속에서
동화마을 수국밭 속에서
바람은 눈을 크게 뜨고 누군가를 기다린다
수국 수국 꽃송이들이 모여 한 다발 수국꽃 되었다지
하늘로 올라가던 별들이
다시 내려와 수국꽃에 모여 한 송이 탐스러운 꽃을 만들었다지
쏟아질 것 같은 너의 마음을 손으로 받아들고
정원 한쪽 연못에서
바람은 눈을 크게 뜨고 누군가를 기다린다

만나고 싶어도 만나지 못했던 너를
그리다가 한 송이 별꽃으로 연못에 앉았을까?
밤하늘에서 반짝이던 시절 있어서였을까
연꽃은 연못에 제 모습 그대로 잔영을 드리운다
분홍 연꽃은 분홍 꽃그림자

하얀 연꽃은 하얀 꽃그림자
노란 연꽃은 노란 꽃그림자
하늘과 구름도 연못에 그대로 떠 있다

너와 함께 오지 않았으나
나와 함께 와 있는
연못 속에 너의 얼굴
1년이 넘도록 찾아가지 않은 먼 발길
어찌 바다 건너 여기까지 따라왔느냐
바람은 눈을 크게 뜨고 누군가를 또 기다린다

                    2023.9.26.

모슬포 바다

사는 게 부질없는 날엔
모슬포가 생각난다
일상과 여행의 기준은
그때 그 물살이 백 구비를 돌아돌아
알아차리느니

지독한 여행객들이 찾아오는 고요한 남서쪽 바다 끝
너라는 모래 더미,
모래 더미 찢어내 내리는 비
모슬포 앞바다는 세상의 빗줄기를 받아내는 어머니
오래되고 오래되었으나
세상이 생긴 이후 결코 낡지도 늙지도 않는 사원
사원의 빗줄기
모슬포 앞바다는 세상의 빗줄기를 받아내는 어머니

부질없음에 샛노란 유채꽃 만발하게 하여라
길섶에 핀 야생화도 우주의 빛으로 피어나라
물빛 차랑차랑 펄럭이는
모슬포
남쪽 끝 바닷가

능소화 핀 김녕 바닷가

바다는 구름 속에서 헤엄치고 있었다
젊은이들은 모래톱에 지천으로 팔짱을 낀다
쌓았다가 다시 헐고
헐었다가 다시 쌓는
모래성을 보며
무엇인가를 가슴에서 쓸어내리고 있는
아직도 하고 싶은 말
그리움은 혼자만 그녀를 사랑하고 있는가
수평선을 눈으로 더듬는다

사무칠 듯 위로 오르려 하는 물새
날갯짓에 피멍이 들도록
파도 꼭지알을 하얗게 바스러뜨린다
비상하는 모든 것들은
악을 쓰는 용기를 날개에 단다고 했다지
떠나온 수평선을 바라보며
그리움 떠난 그녀는
능소화 핀 김녕 바닷가를
하얗게 걷고 있다

무섭지 않은 이유

밤이 차갑고 무거워도
무섭지 않은 이유는
새벽 바다에도 치열한 태양이 치솟아 오리라는
믿음이 있기 때문이다

한라산 사람 사는 마을 기슭에 올라
밤새 산사람들은 고사리를 뜯어
여행객들의 해장국을 총총총 끓일 것이다
도도한 듯 너그러운
한라산은 꿈속에서도 몸을 허락할 것이다
포슬한, 야들거리는 줄기로
산 사람의 흙 묻은 손을 토닥일 것이다

산은 언제나 빛으로 충만하다
사람과 산에서 솟구치는 빛의 위로,
길 잃은 이들도 넘어지지 않는 오직 하나의 이유다

2023. 10. 14.

섶섬에 부는 명지 바람

섶섬
섬 모서리 끝에서 나무초리 틈으로 부는 명지 바람을 보았지

하루 전,
송악산 둘레길
억새풀 틈새로 기어들어 오던 수평선을 훔쳐보았지

바다에 다다른 태양이 화선지 빛 창공에 시나브로 번져
하늘의 섬, 말랑말한한 구름 만져보았지

걸어온 여행길이 아득해 종아리 아프던, 지평선 적막의 그늘
거기서 당신의 미소가 조용히 떠올랐지

살아가는 길이 절벽으로 아득할 때는 바다를 보리라, 당신을
생채기 난 가슴이 먹먹할 때도 하늘을 보리라, 당신을

굴뚝

일곱 살 때 굴뚝이 무너지는 소리를 들었다
동네 애들이랑 어울려 숨바꼭질을 하다가
어느 집 낮은 굴뚝에 애들과 기대어 있었다
나의 팔로
시멘트가 굳기도 전에 굴뚝을 밀었던 모양이다
굴뚝이 부러지고 깨지고 와장창
일곱 살 꼬맹이 마음도 와장창

몇 시간 후
집으로 어떤 아저씨가 찾아왔다
굴뚝 값을 물어달라고 했다
엄마는 아무 말없이 값을 주셨다
서른 세 살 청년이 말없이 값을 치루신 것처럼

나는 밖에 나가 어디서 구했는지
회초리를 만들어 왔다
무서운 엄마는 말이 없으시고
아흔이 다 되어가도록 오늘까지 그 일은
입에 올리지 않으신다

그날따라 마당에는 진돗개가 짖어대고
목단꽃이 빨갛게 타고 있었다

애월 바다에 와서
회초리에 멍들지 않은 일곱 살 종아리가 생각나는
까닭이 무엇일까

오늘 애월항에 등대 하나 빨간 옷을 입고 서 있다
멀리 수평선 너머 구름을 안은 하늘
언제나 바닷빛은 하늘빛 보다 진하다

2부
섬 속에 섬

어느새

나는 더디고 파도는 빨랐으므로 몇 해째나 바다는 나보다
먼저 왔다

그 섬에는 논이 없다지
밭두렁에 둘러있는 검은 돌들,
구멍이 숭숭 뚫려있다 너의 마음처럼
그곳에도 땅거미를 어둠이 덮으면
어김없이
손님처럼 왔다가 대지의 끝으로 사라지는
저녁의 손가락

다시 해가 뜨리니
너와 같이 따뜻한 아침을 뜨자

제주 공항에서

제주 공항 옥상 공원에서
그녀는 그녀가 탈 시간을 기다리며
5분마다 이륙하는 비행기를 본다
어스름 속에서
쓩쓩 날아 어디로 가는걸까
행성 너머 유전하는 길항 끝에서나 만나지려나
얼어붙은 땅
거기에 모닥불에 둘러앉은 이들을 찾아
그녀는 온유하게 온유하게
비행기 시간을 기다린다

섬 속에 섬

도돌이표처럼
하루의 끝을 건너듯
섬들이 바다에 박혀 있다
해안도로에 날이 저물자
바다, 섬, 하늘
잿빛 도화지에 노란 주홍빛 노을이 피어난다
하루를 닫기 아쉬운 태양의 현란한 몸부림인가
누구의 인생이 지면서 저렇게 요란할 수 있을까
푸르고 깊은 수심이었을 그의 마음도
침묵 속에 묻어둔 꿈 되어
수면 위에 포효하듯이
한 뼘이라도 더 나아가고 싶은
가시넝쿨의 욕심을 내리고

수평선을 묵시한다, 고요는

석양

제주살이를 끝내고 비행장 가는 해안도로에 석양 내린다
섬을 빠져나가는 또 다른 섬의 치맛자락을 잡아끌 듯이

도심 하늘에서는 볼 수 없는 석양이 섬 하늘에서는
치열하게 빛난다
하루를 닫기 아쉬워하는 태양의 그림자가
바람의 속치마를 히끗히끗 보이고
붉은 치마, 노란 치마를 장렬하게 드리운다

외로운 여행객의 향수가 활주로를 뜰 무렵
그동안 멀리했던 성전聖殿 뜨락이 그립던 섬 여행에서
다시 바람의 발소리에 눈멀고
귀 멀었던 사금파리 시간의 들녘
살얼음 마음도 녹일 것 같은 눈부신 석양
그녀의 쪽창 가득 노을이 매달려 있다
목 마르게 보고 싶은
얼굴 얼굴 얼굴

감실 안에 계신,

바닷가 찻집에서

1.
바다가 끝난 곳에 구름이 발을 담그고 있다
거기서부터 하늘이 시작된단다

하늘에 깃털을 수놓은 듯 하얀 발자국들 옅어지고 있다
바람이 불 때마다 찻집 유리창에 부딪히는
하얀 포말
성큼성큼 다가왔다가 살금살금 물러간다

날아간 갈매기는 다시 돌아오지 않는다는데
날아갔을지도 모르는 새에게 미련을 거두지 못하고
오늘은 함덕 바다
내일은 김녕 바다
새떼들의 바닷가를 클릭한다
집 나간 탕자를 기다리는 아버지처럼

2.
바닷가 찻집 유리창 너머로 보이는 바다는
모래를 묻혀가면서 발을 담그는 바다와 다를 터인데
바닷바람을 맞아가며
얼굴 그을리며 바다를 안아보았으면
날아갔을지도 모르는 새여
다시 돌아와 바다에 발을 담그지 않으련
너와 나 언 마음 받아줄 바다
"받" ㄷ받침을 "아"에 올려 "다"가 되었지
모든 걸 받아주는 바다
받아 … 바다
받아 … 바다

2023.9.26.

* 누가복음 15:11~31

섬

섬에 가서야
함께 오지 않은 그의 생각이 파도 끝에 밀려왔지
그와 함께 갔던 바닷가
그와 함께 달렸던 도로를 달리면서
옆에 없는 그에게로 마음은 자꾸만 달렸지
섬에 동행하지 않은 이의 긴 침묵
뭍으로 돌아온 여기서도 1분도 동행하지 않았지
동행에 한 발짝도 뗀 적 없었던 타인처럼

어쩌면 아주 오래전에 길 떠난 기차처럼
멀리멀리
다른 섬을 품에 안고 있는지도 몰라

파도가 밀고 왔던 하얀 포말 위에
푸른 기억들 위에
별빛 가득 쏟아져라
그래서 유채꽃 만발한 섬 언덕에도
쓸쓸한 그녀의 가슴에도
복사꽃 흐드러지게
만발하여라
만발하여라

2023.03.18.

해안도로를 달리며

해변도로가 밝게 달리는 것 같다
흐르는 마음이 닦아놓은 훤칠한 길 위에
해변도로로 내려서면 아찔해진다
바다의 휘파람 소리
눈길을 떼지 못하게 하는 바다의 옆모습
설렘을 안고 셔터를 눌러댄다
바다에 뜬 섬 그림자에 비친 햇살
유리 보석을 뿌려놓은 듯
반짝인다
물결 물결 출렁일 때마다
반짝이는 은빛의 축제
저 빛 속을 뚫고
오늘 하늘로 올라가는 영혼이 있나 보다

반짝이는 은물결에 기원을 올린다
하늘 구름 바람 햇살 물결 따라 낙원에 올리소서
그 영혼을

2023. 10. 10.

제주도 김녕 바다

제주도 김녕 앞바다가
누구거냐고 묻는다
영해領海지요 했더니
해녀들의 것이라고
바다 햇살을 가득 실은
해변을 달리는 바퀴가 답한다

페이지마다 바다 색깔이 달라 보이는
김녕 앞바다
검푸른 색 푸른 색 에머럴드 색이
출렁인다
출렁인다
1919년에도 바다는 여전히 출렁였겠지
해녀들이 바다 밖으로 뛰쳐나왔던
구좌읍 하도리 해녀 만세운동*때도
바다는 바다는
넉넉히 파도쳤으리라

2023. 10. 10.

* 제주 해녀 항일운동

기다리는 동안

함덕 해안*을 지날 때
네가 오기로 한 그날을 기다리지 못한 조바심이
문을 두드렸다
네가 오기로 한 그 시간을 기다리지 못한 그리움이
문을 두드렸다
바스락거리는 포말도 꽃잎처럼 내게 문을 두드리는데
에머랄드빛 바다를 가슴에 담을 1분도 기다리지 못하고
보채는 너였다가
비행기 시간과 비행기 날개에 싣고 갈 바다 그림자를
생각하면서
네가 오기로 한 그날을 기다리지 못한 너의 애절함이
파도를 넘어
구름을 넘어
너에게 갈 텐데
바람별이 두드리고 이미 들어온 문고리를
네가 오기로 한 그날,

기다림은 표류하는 노을

2023.10.11.

* 함덕 해변 제주시 조천읍 조함해안로 525.
  제주 3대 해수욕장 중에 하나. 물이 맑고 하얀 모래로 유명하다.

바다에서 광야를 보았다

여름의 마지막 날 밤을
바다 한기 올라오는 1층 객실에서 보낸다
제주도 구좌읍 리조트
김녕 바다가 멀리 한 줄 보이는 비닐하우스, 찻길 너머
키 낮은 수평선은 멀리서
나의 침실 유리창 안을 컨닝할 것이다
테라스 가득 여수旅愁가 출렁인다

제주 구좌 땅에서도 뚝뚝 떨어졌을지도 모르는
1948년의 동백꽃들 생각하며
밤새도록 한기 속에서도
나는 온몸에 열熱이 난다

광야를 본다

한밤 내내 두려움이 춤을 추는 동안
새벽이 되어서야
 "다 잘 될 거야, 다 잘 될 거야, 다 잘 될 거야,
이 밤에도 포근한 평화가 올 거야 올 거야"

기도를 읊으며
애월읍 애월리에 두고 온 추억을 더듬는다
애월 바다에서도 바람은 차가웠다
차가운 바람 속에 실려 오는
먼발치에서 지켜보시는 이
그의 눈동자가 함께 하셨지
광야 같은, 아무것도 없는
여기 구좌읍에서도 함께 하시리라

한밤 내내
나는 그의 바다를 품는 꿈을 꾸었다

2023.10.10.

애월에서 만나다

그때 내 기도는
얼마나 많은 언어가 있었던가
제주 애월읍 애월리 시골 아무도 없는 곳

바람이 억새밭을 스치는
일렁임처럼 출렁대는 분진을
모두 바다에 씻어버리고 싶었지
몇천 개의 파도를 건너오면
세상 바깥까지
물 위에 많은 빛들을 띄울 수 있으리라 믿었지
빛을 쫓아 긴 시간을 기다려 여기까지 내려와
지금은 사과가 익을 무렵
그리고 천부의 미소를 보고 싶을 무렵
내 안에
얼마나 많은 언어의 모서리들이
옹색하게 세상을 찌르고 있었던가
지금은 사과가 빨갛게 익을 무렵
그 옆에서 말없이 기도할 무렵

"너는 내 양이라
너는 내 양이라
너는 내 양이라"

그는 아무도 없는 텅 빈 우주의 끝에서

제주에서 그녀를 그리다
- 김 시인을 추모하며

양배추밭 배추가 흙 꽃처럼 하얗게 피어 올라오고 있다
가을 문턱에서

담벼락 밑에는 흙을 뚫고 하얀 수선화 올라오고 있다
김녕 바닷가 마을 어느 집 3월

유리창 가득 바다를 담은 하늘 구름 바람
함덕 바닷가 어느 찻집에는
어디에도 없고
어디에나 있는 그녀
비행기 넘어 여기까지 따라온 그 시인의 부음

당장이라도 편집실 열고 들어가면
돋보기를 끼고 책을 만들고 계실 것 같은
불사조로 항구하게 흐를 것 같던 그녀

해변 끝에 부서지는 하얀 포말 속에
조용히 조용히 흐른다
조용히 조용히 하얀 데이지 꽃빛으로 흐른다

3부
따스한 별 일지도

반납 도서

"불꽃의 눈동자를 들여다 본다"*로
시작되는 그녀의 시를 읽다가
이 시집의 반납 날짜를 꼽어본다
삼일 안에 이 긴 시를 외울 수 있을까
외우고 싶다.
꼭꼭 씹어, 푸른 마음 도서관 서가에 잘 꽂아놓고 싶다
노트에 필사를 해 둘까,
며칠 동안 그녀의 시를 필사하느라 손목이 시큰, 등짝이 시리다
겨울을 건너려고, 시를 건너려고
거울을 닦듯이 고요히 시를 읽는다

초나라의 사나이가 도달하지 못한 서안
마부도 말들도 노잣돈도 넉넉한 여행길을 떠났으나
끝내 서안에 들어가지 못하고
들판에 객이 된 거지 사나이처럼
오르고 올라도 맨 꼭대기에 아무것도 없었다"는
나비들의 허망함'''처럼 (손목과 등 짝만 시리겠는가)
쌀이 되지 않는 시 밭에 그녀는 날마다 곡괭이질을 한다

밥이 되지 않는 시 밭에 그녀는 날마다 씨를 뿌린다

얼마쯤 건너면, 따뜻한 봄이 오리니
푸드덕거리는 날갯짓을 하며
공중을 힘껏 차고 나갈
높이 나는 새 한 마리를 볼 것이다

* 한강 시인의 시 〈거울 저편의 겨울〉 중에서 차용
** 에레미아 2: 3~5, 에레미야 17 : 6~7
*** 트리나 플러스 「꽃들에게 희망을」

아브락사스

그녀의 새는 신에게 날아가기 위해
겨울 정류장 앞에 서서 오래도록 720번 버스를 기다렸다
종각 앞에 내리면
세계를 깨뜨리고 나올 알들이 모여있다고 했다
푸른 언덕 위에
벽돌을 쌓아 만든 서가에 피어 있는 헤르만 헤세의 알들
알을 깨뜨리고 나오고 싶다
깨뜨리고 나와 날고 싶다, 날고 싶다, 날고 싶다

그녀는 버스를 기다리다가 꽃집으로 들어간다
꽃집 문은 천개의 문이라서
천개의 문으로 들어가면
꽃심지에서도 단감색, 선홍색 장미가 안개 속에 피어
그린, 그린, 그린 꽃받침에 앉아
그녀의 식탁에서 알을 깨고 나와 푸드덕거릴 것이다
오늘은
알을 깨뜨리고 나오기를 포기한 닭알 대신
꽃을 사기로 했다

투쟁하지 않는 자는 생명이 없는 자

손님이라고는 아무도 없는 꽃집에
꽃들이 불타고 있다
방금 알에서 깨어난 웃음을 깔깔거리는 꽃잎들의 환호성
아브락사스*
꽃집 아가씨가 건네준 꽃 뭉치를 들고나오면서
겨울 정류장을 지나 언덕 위에 있는 그녀의 작은 집, 서가에
아브락사스를 꽂을 것이다

그녀는 저녁 식탁에
화려한 꽃 반찬을 놓고 식전 감사 기도를 올릴 것이다

* 아브락사스 : 헤르만 헤세의 소설 [데미안]에 등장하는 신. 선과 악이 공존하는 신을 의미함
* 종각 : 범종을 달아두기 위하여 지어진 누각

꽃 이불

바람은 어디서 탄생하는 것일까 날카로운 겨울날에
날카로운 것이 있어서 바람이 생겨났다면
움츠리는 것들은 모두 눈사람처럼 서서, 서서 기다릴 것이다

그가 그를, 그녀가 그녀를, 네가 너를, 내가 나를 덮고 싶듯이
바람이 매워... 지는 저녁,
가진 것을 많이 갖지 못한 바람의 언덕에 너를 찾아갔지
너의 따뜻한 마음을 덮고 싶어서
바람이 허벅지를 찔러대어도
내가 너를 떠나지 않듯이
네가 나를 떠나지 않듯이
그가 그녀를 떠나지 않듯이
그녀가 그를 떠나지 않듯이

그렇게 많은 것을 떠나게 하지 못하는 바람은
그렇게 많은 사람을 돌아오게 하는 바람은

서로의 따뜻함을 기대고 싶었던 거야, 우리의

2023. 12. 20

따스한 별 일지도

어제는, 헤어지는 이수역에서 아쉽다며
손을 놓지 못하던 너의 손이
따스한 별을 예감하고 있었다

그 안에 서서 너를 자꾸 기다리던 전철역,
차가운 벤치는 어디인가
그 안에 서서 너를 자꾸 그리워하던 오후는 언제인가
전철이 역으로 들어오는 소리마다
거울나무의 오후는 바람을 안고 스쳐갔다
지나는 바람의 쓸쓸함이여

언젠가는 반드시 오리라, 서성이던 이수역에 함박눈 내려오고
눈을 안고 온 너의 어깨에 나는 살며시 다녀왔다

저녁별의 고요한 눈동자

오늘 아침, 네가 보낸 쌀에
서리태 잡곡을 섞어 지은 밥 속에서
따스한 별을 생각한다

2023. 12. 8

녹슨 자전거
- 너의 여신이 머무는 숲으로

녹슨 자전거 바퀴가 동글게 동글게 돌면,
바람을 가르고 행간을 가르고
나뭇잎들의 휘파람 소리를 가르고
숲으로 갈 수 있지

이쪽 산에서 저쪽 산으로 날아가는 새와 같이

반대쪽에서 끌어당기는 셀레임이라는 빛을 축으로
너에게 달려갔지
반대쪽에서 끌어당기는 좌절을 축으로 절망하고 떠났던
녹슨 자전거들 바퀴여

어느 밤 누군가 들어,
너에게 가져갈 꽃다발 화려한 빛을 가져간다 해도
돌아오지 않던 꽃의 빛나는 비밀들이여
그늘진 숲의 입구에서 그는 꽃빛의 존재 이유를 깨달았어

겨울에 무지개색 꽃이 만발하고,
봄에 이파리가 힘없이 저버린다 해도
너에게 가는 별자리는 이동하고 있는 거야

눈이 따뜻하게 내리는 날
너의 숲으로, 녹슨 자전거 페달을 힘껏 밟고
너의 겨울 숲으로 달려갈 테지

　　　　　　　　　　　　　　　　2023. 12. 21

키 큰 미루나무

그녀의 방문 앞에 누운 인왕산이
가을 마차를 끌고 가는 요란한 말처럼
부지런하게 다가오는 저녁이다
키 큰 나무들이 색색의 풍악 소리로 우짖는 무악재 고개
나뭇잎들은 새들의 신음 소리를 백 년이 넘게
가지 속에 몰래 감춰두고
오늘은 미루나무들 가로수로 열을 선다
그녀의 사랑이 익어가라고

나뭇잎들 바시시 바스러져 고요한 오늘
현저 고가 밑에 둥지 틀었던 비둘기 집에도 바람인다
세상은 오묘하고
바스러지는 가랑잎의 사랑도 귀하고 귀하고 귀하거늘
고가 밑에 웅크린 그녀의 새들은
콜레스테롤 수치를 염려하며
유난히 뻑뻑한 식빵 한쪽으로 식사를 마치고
목이 메인다

생수 한 모금 없는 그녀의 새들이 마실

지구 건너편에서도 목이 메일 때
나뭇잎에 내려앉은 새들이 산 그림자를 쪼고 있을 때
세상 어디쯤에선 키스를 나누는 연인들 있을 테다

이크, 인왕산 호랑이가
무악재 고개를 넘어오던 시절에도
키 큰 미루나무가 그녀의 방을 내려다보았을 테다
그녀의 오래된 사랑이 익어 가는 저녁을

이 가을에도

2023.11.14

나비 등에 업혀 가는 노을

이제 당신에게 취했던 잠에서 몸을 일으켜야지

엊저녁에 쓰다만 시를 한줄 한줄 다시 읽다가
내 시의 첫 문장에 시작했던 한 마디
당신을 기억하면서
내 시의 마지막 문장을 당신으로 닫으면서
울어야 할 일이 남아 있음일까
창밖에 종일 보슬비 내리는데
나를 부르던 당신의 목소리가 생각나는 아침
당신을 찾아 블라디보스토크며 아무르강 언덕에서
나비 등에 업혀 가는 노을을 보았지
이제는 당신에게 취했던 잠에서 몸을 일으켜야지

신이시여
그 공백에 무엇을 채우오리까
새벽빛 문장, 새벽빛 산야의 목소리를 듣게 하소서
단단히 신발 끈 동여매고
다시 길을 떠나게 하소서

2023.9.26.

비밀
    - 삼종 기도를 바치는 새

하루에 세 번 우는 새를 보았어
새벽에 한번, 정오에 한번, 저녁 어스름에 한번
촛불을 켜놓고 한참씩 울더군

가까이 가서 새에게 "엄마"라고 불러보고 싶었지만
새는 듣질 못해

불러도 불러도 대답 없는 망부석
같은 게 되어 버리나 봐, 그 시간엔

그래서 물어보았지, 한참 만에
새에게
오래오래 오지 않던 내가 돌아온 비밀을,
절규하는 꽃의 정적,
묵주알마다 장미꽃으로 절규하는,
(고요하게) 하늘을 향해 울부짖는 새여

오래오래 기다려, 시간마다 현관문 열어보시던 어머니,
기다리다 기다리다
하루 세 번, 하늘 향해 절규하는 새여

                                          2023. 12. 20

그녀를 보고 싶다던 그
- 탈출

뜰에 은행잎 지고 감이 익을 무렵
벽돌집 아래 보란 듯
큰 낙엽 산이 바람에 흔들거린다
바람 소리의 발에 매달린 날개에 날아가듯

그는 그녀를 보고 싶다고 했다
가을 허공에 매달린 홍시처럼

"어디 계세요"
조바심은 가을을 건너 겨울로 넘어가고 있었다
이번 역은 가랑잎이고 다음 역은 단풍잎입니다
내리실 문은 왼쪽입니다만 들이칠 바람이 차가우니
(승강장 문에 나뭇잎 옷자락이 끼이지 않게 조심하시기 바랍니다)

그녀를 보고 싶다던 그를 만나러 가는 겨울행 기차를 타고
그녀는 말없이 차창 밖을 기다린다
지난번에 동행했던 잎이 많던 초록 베레모 나무들은
어디로 사라졌을까
사라지는 것은 거짓 연기를 하지 않는다

사라지는 것은 나뭇가지 흔들리는 바람이었으나
뿌리는 굳건하여서 내릴 문이 왼쪽이든 오른쪽이든
흔들리지 않는다
겨울을 지나 봄을 몰고 오는 기차역 승강장마다
기다리고 있을 그는
그녀가 내리지 않아도 혼돈의 시대를 인내하며
겨울을 탈출할 것이다
벌써 연두색 스카프를 두르고 나타날 그녀는
끝내
오고야 마는 봄빛 우체부

              2023.11.13.

방아다리의 비밀

너에게 가는 길은 가난한 달이
떠 있는 방아다리
옥토끼들이 방아를 찧고 있다
맘 착한 눈에만 보이는 방앗간
다리의 비밀

어머니가 물려주신 낡은 쇼파에서도
먼지 묻은 달 냄새가 나곤했다
스프링 꺼진 의자에 판때기를 대고,
낡은 가죽을 헝겊으로 덮어서 쓰던
휴이는
늙은 바람이 불어오던 밤
쇼파를 내놓고 딱지를 붙였다
갈색 엔틱이
가을 바람을 쏘이고 새벽 비를 맞았다
퇴비의 아저씨들이 하루라도 늦게 수거해가길
바랬던 미련을 담아
어머니의 햇살과 땀이 묻은 엔틱을
바람이 맡아주었으면 했다

가을 지나 다음 봄이 오면
쇼파에서 다시 피어날 연둣빛 새싹으로
천갈이를 해서
방아다리에 보내려 했던 미련의 골목에서
빈궁한 시인의 원고지엔 더 이상
들일 시어가 없다고 했다

토끼가 조는 사이,
낮달이 구름 속에서 바람과 포옹하는 사이
가는 곳을 알 수 없는 가을 잎처럼
오래오래 버리지 못했던 어머니의 엔틱이 치워졌다
영원 속으로

2023. 11. 13.

바람이 분다

바람이 분다
그가 두고 간 자리에도 바람이 일렁인다
그가 두고 간 비석*
위 글씨로 남은
한 겹 허공의 고요

바람이 분다
그가 서 있는 우수리스크 갈대숲 길에 햇살 쏟아질 때
한 겹 허공의 고요
한 겹 하얀 바람

(우수리스크 들녘, 세상의 빛 속에 두고 간 천년의 고요)

2023. 12. 05

* 우수리스크에 서 있는 이상설 선생 유허비

우주에 흩어진 물방울들의 휘파람

내가 멈춰 서서 그 앞에 맹종하고 있을 때였어
쏟아지는 물방울들의 휘파람을 들으며 알몸을 맡기고 있었지
휘파람으로 문지르고 있었지
눈을 꼭 감고 머리카락을

갑자기 바닥에 툭 떨어지며 몸체가 부서져 버린 폭력 앞에서
눈으로 파고드는 비누 거품을 본 적이 있었니,
눈을 감은 채, 지니야?

흩어지는 우주의 비명

타일과 타일과 타일과 타일들이 발가벗은 채

우주에 흩어진 물방울들 엿보고 있었지 견고하게
우주에 흩어진 순간들을 엿듣고 있었지 당황스럽게
물에 빠진 어린애처럼 허둥대며
가장 먼저 무엇을 해야 할까
그때가 천 개의
기도의 문으로 들어가는 때다

2023. 12. 21

4부
햇살과 공기의 틈에서 꽃이 필 때마다

꺼지지 않는 불

모래바람 가득한 만주 벌판을
가득 채운 건
내어준 보름달의 심장이었다

숨죽이고 보노라면
굶주린 능선 위로
만월의 가장자리에 수북이
고봉으로 쌓인
먼저 간 이들의 불타는 눈동자

투사들은 말을 타고
몇 날을 걸어 폭탄을 구하러 간다
노을 진 하늘에 그을린 황금빛 실바람

잘려나간 보름달 조각들이
그들의 발걸음을 재촉했다
아직도 살아 있는 보름달과
먼저 떠난 이들의 갈한 목마름,

묻어주지도 못한 영혼들의 꺼지지 않는
불 불 불 불을 담아
탕 탕 탕 세 방의 총소리
차가구역을 지나 당도한 하얼빈 10월 하늘에
코레아 우라
코레아 우라
코레아 우라

2024. 12. 29

도서관 가는 길

문래역으로 가기로 한 날, 새벽부터 함박눈
눈 오는 소리 사각사각 베란다 창밖으로 바람을 가르고 있었지

이미 도착한 바람의 옷자락과 방금 내리는 함박눈 사이

희박해진 간절함 대신

세상은 하얀 새의 날개로 덮여 가고 있었지
반납할 책들이 젖을세라
비닐로 꼭꼭 싸매고 눈길을 걸었지
새의 날개에 올라탄 바람처럼

"문래역 1번 출구, 공원길 따라 5분을 걸으시면 됩니다"
겨울 숲 안내를 따라 하얀 길을 걸었지

'물 위를 걸어가신 성자처럼
이미 도착한 눈길에 그녀의 발은 젖지 않으리라'
믿음을 배반하고
눈의 실체는 눈으로 보는 눈과 다른 거라서

허공을 가로지르던 겨울 새 은하의 푸른 자위로
백만 광년 너머의 평안을 순식간에 점령당했음일까
지나는 차량들 소리와 눈 내리는 박동 소리가 쌩쌩
발을 적신다

양말 대신 젖은 발을 비닐로 감고,
질척한 운동화에 발을 담고 또 걷는다
발이 젖는 건 마음조차 눅눅해지는 걸까
발이 젖는 건 체온조차 눅눅해지는 걸까

마른 자리와 진 자리를 가려주셨던 어머니
의 아랫목이 그리운 날

2023. 12. 31

눈 그친 오후의 거리

눈이 다녀간 뒤에 눈의 집으로 달려갔지
heater가 뜨끈하게 나오는 버스에 앉아
창밖에 바람을 만진다. 눈 속에 파묻힌 가랑잎의 절규라든가
마른 잎을 흔드는, 아직도 지나가지 못한
바람의 광기 어린 펄럭임을 보면서
눈이 지나간 자리에
쏟아지는 햇살과 바람의 갈피를 본다
가볍게 사랑하던 이들의 침묵이 내려앉아 있는
보건소 앞 정류장에서
땅만 보며 걷고 있는 겨울 새들이 총총거린다
새들은 어디로 날아가야 하나

눈 내리는 소리는 들리지 않는데,
새들은 눈 내리는 소리처럼 속삭이네
(눈 속에도 쪼아먹을 먹이가 있게 하소서)
지친 날개를 퍼덕이는 새들이여
주머니를 뒤져 과자부스러기라도 너에게 던져주고 싶은
눈 그친 오후의 거리

2023. 12. 21

dust in the World

유리창 밖, 거리를 내다 보고 있다
이곳의 모래 언덕들, 이생처럼 불어오는 바람의 언덕

창가에서 20년 전쯤 처음 겪었던 슬픈 기억을 떠올리며
달리는 차들을 바라보다가, 결정한다
20년 동안, 먹여 키워왔던 정성스러운 좌절과 절망
이제 또 단호하게 떠나보내야겠다고
여러 번 여러 번
멀리멀리 소포 꾸러미에 실어 보냈건만
다시 찾아와 그녀의 옷자락을 잡곤 한다
하지만 주변의 사물들, 키워온 인연도
세상 속에 먼지였음을,
먼지가 모여 서녘 하늘에 노을이 된다*는 것을

무한으로 건너가는 창밖
도로를 달리는 바람의 옷자락

저 무한으로 번져가는 황홀한 노을빛에
이제는 기대고 싶다
노을 너머에는
빛으로 계신 하늘의 存者가 있다고 한다

2023.12.06

살구꽃 흐드러졌던 어느 산골의 넉넉함을

발신자 : 다윗의 들판
수신자 : 현대의 광화문, 서울역 광장

안녕하실까요
전혀 가 보지 못한 황량한 들판이여
숨죽이며 양 떼를 치던 깡마른 소년의 팔뚝이여
들판에 날리던 양털의 소란스러운 바람의 언덕이여
그때를 살아보지 못했으나,
들판에서 흐느끼던 소년의 울음소리 슬펐다는 걸 알지요
소년의 아버지는 어째서 소년을 광야로 내돌렸을까요
들판에 마른 풀같이 메마른 가슴을 쥐어짜면서도
하늘을 원망하지 아니하고
오히려 하늘을 경배한 이여
 "네 부모는 널 버렸으나, 여호와 하느님은 널 거두시리라" *
자비하신 주여
다윗의 하느님이시여
이 시대, 바람 부는 광화문,
서울역 광야에도 버림받은 당신의 양들이
거리의 겨울을 구걸하고 있나이다

아무도 동전 한 닢 넣지 않는 구세군 냄비의 종소리만
거리를 채우는 눈발 날리는 광화문 광장의 굶주린 오후여

살구꽃 화사함 흐드러졌던 어느 산골의 넉넉함을
이곳에도 주소서
살구꽃 화사함 흐드러졌던 어느 산골의 햇살을
오늘도 내려주소서
버림받은 겨울, 버림받은 마음의 조각들
언저리마다 복사꽃 하얀 달그림자, 뽀얗게 부어주소서
기다리게 하소서
강하고 담대하게 당신을 기다리게 하소서**

2023. 12. 11

---

* 시편 27편 10절 "내 부모는 너를 버렸으나 여호와께서는 나를 영접하시리이다"
**시편 27편 14절 너는 여호와를 기다릴지어다 강하고 담대하며 여호와를 기다릴지 어다

관찰자 시점

거리에 금조각들 떨어져 바람에 뒹군다
밟고 지나는 이들은 바바리코트를 꽉 조여 맨다
다섯 손가락을 편 붉은 손바닥도 가을비에 젖고
한 세대가 가듯이 허공은
수직으로 떨어지는 물방울의 한기를
나뭇잎들은 온몸으로 받으며 우주의 공중에 흩날린다

새로운 시절을 꿈꾸는 몽상가들이
여름내 퇴적해온 기억의 동굴을 되돌아볼 것이다

새들이 모아 놓은 감정들이 각질로 앉은 명학역 1번 출구

새로운 시절을 꿈꾸는 구름 하얀 하늘과 차가운 바람
지하철역 앞에서 빗속에 성가聖歌를 부르는 그 남자의 구두에
빗물 고인다
아랑곳없는 참새 한 마리 전봇대에서 하늘 높이 날아간다

참새의 모국어도
성가聖歌 부르는 그 남자의 모국어도

빗소리도 알아듣지 못하는 지나는 꽃잎들
까만 돌멩이처럼 굳어버린 초조의 각질이 눌러앉은 자리에

참새는 어린 꽃잎을 놓고 갔을까
굳게 닫힌 문을 두드리는 빗속에 그 손등에 못 자국

아랑곳없는 참새 한 마리 하늘 높이 높이 날아오른다

2023. 11. 6.

실꾸리

어제를 만든 것은 어제였다. 지난해 겨울 바람에 깨진 마음들이 파열음을 내며 어제의 창문에 걸려 있다. 창을 열어 환기를 시킨다면, 화사한 은행잎이나 단풍 붉은 햇살이 들어오려나. 부서진 마음, 부서진 사람들

꿰매고 싶어 실꾸러미를 찾기로 했다. 그녀의 집 고양이 쿵이가 갖고 노는 실꾸리 한 가닥 빌려야겠다
그녀가 시를 쓰는 동안, 그녀의 책상에 올라와 자신의 실꾸리를 안고 쌕쌕 자고 있는 쿵이의 뒤통수가 평온하다

가을을 만든 것은 여름이었으나, 꿰매고 쩜매어 둘 수 없는 여름의 옷자락. 어쩌면 내버려 두는 것이, 봄을 기다리는 겸허한 기도가 될지도

며칠 후면 멀리 구세군 냄비를 때리는 종소리 들릴 것이다. 어린 시절, 연탄을 몇백 장씩 들였던 어머니의 걱정에 아랑곳하지 않았던 그녀는, 먹이가 떨어져도 아랑곳하지 않는 쿵이를 본다

하늘의 새들도 먹이신다*는 우주의 아주 큰 存者를 생각한다

2023. 11. 5

* 마태복음 6장 25절 ~ 34절

생을 살아가는 지팡이

새벽이면 형은 녹슨 자전거로 출근을 한다
페달을 밟을 때마다 다리가 후들거렸으나
신명나게 훨훨 춤추던 관솔불을 생각한다
아궁이에서 군불을 지필 부지깽이를 주워다
K가 앉을 자리에 군불을 때는 것이
K에게 뜨신 국을 먹이는 것이

새벽 별, 길을 달리는 큰형에겐
생을 살아가는 지팡이였다고 한다

2023. 12. 05

햇살과 공기의 틈에서 꽃이 필 때마다

햇살과 공기의 틈에서 꽃이 필 때마다
그때마다 당신도 계셨죠, 스스로 있는 이처럼

이윽고 저녁이 내리면
꽃 이파리, 잎사귀도 검어지는 것 같았지만
달빛은 초록을 언뜻언뜻 보여주었죠
당신이 여전히 그 옆에 계셨으니

억겁의 시간이 지나는 터널을 빠져나간다 해도
시간의 집에 웅크렸던 태곳적 어둠이
잎사귀와 꽃잎에 내렸다 해도
아침은 오리니
거기서 당신이 빛줄기를 떠받치고 계시다는 것을
거기서 당신이 아침을 준비하고 계시다는 것을
이른 비, 늦은비*를 내리시는 님이시여

2023. 12. 20

* 신명기 11 : 13, 14 내가 오늘 너희에게 명하는 내 명령을 너희가 만일 청종하고 너희의 하나님 여호와를 사랑하여 마음을 다하고 뜻을 다하여 섬기면, 여호와께서 너희 땅에 이른비, 늦은 비를 적당한 때에 내리시리니 너희가 곡식과 포도주와 기름을 얻을 것이요

꽃잎의 비가悲歌

나른한 고요가 고요하게 내리는 오후다
카페라테 한잔을 마실까 말까
고요를 만지작거리다가
커피 포트의 코드를 다시 끈다
창밖에 도화꽃 흐드러진
향기 향기 향기에 나비가 와서 앉는 걸 보았기에
그 나비가 몇 십 년 전 곤충채집 해 온
나비의 환영인지도 모른다는 생각에 화들짝 놀란다

그녀는 나른했던 송추 계곡의 여름을 기억한다
볕살이 내리꽂히던 날
잠자리채로 잡은 나비의 몸통에 압정 핀을 꽂아
여름 방학 과제물을 내게 했던 기억의 뒤편
나비의 전 생애를 낚아챘던 그 날을 회개하며
애절한 몸짓으로 퍼덕이던 나비 날개의 그림자를
그리고 송추 계곡에서 사라진 나비를 기다렸을
꽃잎의 悲歌를 이제야 듣는다
그녀 식탁에 꽂은 꽃잎이 쉽게 지는 이유,
송두리째 꺾어다 꽂아놓은 생명

2023. 12. 05

안양역에서 본 납작 사람

#1
그해 12월 24일 9시경 몹시 추웠다.
방금 금정역을 출발한 열차가 안양역에 삐익 쇳소리를 내며
들어온다. 철길을 보면, 어디로든 떠나고 싶은 황홀한 충동.
안양역에 내리면 고요하게 두 팔 벌리고
가만히 안아줄 것 같은 그 사람
기다리고 있을 것 같아, 기다리고 있을 거 같아

#2
그녀 안에 쿨럭이는 그리움 대신,
그녀 안에 쿨럭이는 기다림 대신
번쩍이는 네온사인 불빛 찬란한 광장에
사각형으로 몸을 접은 흰머리 남자가 납작 엎드려 있다
동전 바구니를 앞에 놓고
생존을 위한 몸짓은 몸을 접을 수 있는 것
돌멩이처럼 움직임도 없이

#3

저만치
전구를 휘감은 크리스마스 트리 앞, 구세군 냄비에
지나는 몇몇이 세종대왕을 넣고 간다

#4
서울로 가는 열차를 타러 에스컬레이트에 오른다
가만히 서 있기만 해도 계단이 움직여서
멈추지 않는 시간은 움직이는 바람이라서, 바람이라서
몇 시간이 지나면 성탄절,
그녀는 성탄절 기도를 드리러 갈 것이다

흰 머리 남자의 바구니를 외면한 채

2023. 12. 21.

5부
다시 눈부신 하루

손바닥에 내려오신 하얀 꽃
-영성체의 빛

1.
언젠가 손바닥에 빗물을 받은 적이 있지요
언젠가 손바닥에 햇살을 받은 적이 있지요

한때는 빛나는 금잔을 거머쥐려
발버둥 친 적도 있었지요
불면의 새벽까지

나가사키, 블라디보스토크, 우스리스크,
하얼빈, 상해, 도쿄 거리를 헤매며
찾아다니던
그들의 휘날리던 옷자락에서 써내었던
문장文章들, 파랑새였을지요?

이제는 내 손바닥 위에
오시는 당신
한 분만으로 감사하나이다

2.
"이 성찬에 초대받은 이는 복되도다"
미사성제 때마다
사람의 손바닥 위에 찾아오시는 꽃이여

당신을 영迎하러 줄 서서 나가는
발걸음들, 그 행렬에 끼어 걸을 수 있음에
마음 가득 향기로운 행복이 피어납니다

내 안에도 들어오셔서 빛으로 환생하시는
영원히 지지 않는 하얀 꽃잎

24.10.30.

성당 마당에서 하늘을 올려다보다

"하늘에 호박이 열렸대"

미사를 드리고
성당 마당으로 내려온 자매들은
핸드폰으로 하늘을 찍어댄다

나뭇잎 사이 사이로 햇살과
하늘을 덮은 창포빛 바람과 쏟아지는 눈부심
누가 저 높은 나뭇가지 위, 하늘 밑에
둥근 저것을 올려놓았을까

누군가 그랬다
"성모님이 올려놓으셨네요.
그냥 가지 말고,
성당 마당에서 하늘 올려보며 기도도 하고 가라"고요

자매들은
너 나 없이 하늘 올려다보았다

넓적한 늙은 호박 하나
누렇게 익어 가도록
아무도 올려다보지 않아
혼자 익었을 외로움 하나,
외면당하는 데 익숙한 빈자貧者의 허공

저만치서
검정색 수단*을 입은 사제도 하늘 올려다 보았다

24.10.8.

---

* 수단(soutane, cassock) : 로마 가톨릭 성직자들이 착용하는 성직복의 하나로서, 길쭉하고 몸에 꼭 맞는 발목 길이의 겉옷이다.

의왕 땅, 지구별 어디쯤
- 신규호 시인님을 추억하며

1. 시집 평설을 써주시겠다던 은사님
   지금은 어디 계신가요

   - 의왕에 가게 되면 차 한잔 대접해도 되죠?
   - 그럼 그럼
   하시더니 지금은 어디 계신가요

   몇 년 전 우체부가 날아다 준
   은사님의 시집을 책꽂이에 꽂아놓은 채
   묵은 햇살과 묵은 바람이 길게 지나간 뒤에야
   오늘에야 책장을 넘겨보았습니다
   최초에 계셨던 빛의 말씀
   이천여 년 전, 사람의 몸으로 오신 교량校量
   한 권 시집 속에
   아직도 살아 숨 쉬고 계시었습니다

2. 미사성제 때마다
   "세상을 떠난 영혼들에게도 길이 평화가 머물게 하소서"
   사제가 빛의 하느님께 아뢸 때마다,
   은사님의 성함 석자 읊조리며 기도를 올렸습니다
   빛의 제단에

3. 은사님 계셨던 의왕 땅,
   차 대접 대신
   하우현 성지聖地 뒷마당에서 로마 병정들 조각을 보았습니다
   하늘 위로 망치를 높이 쳐들고
   십자 모양 나무틀 위에 묶여 있는
   젊은이의 손목에 못
   가시관 밑으로 철철 흘렀을 핏물
   그 피가 이천여 년이 지나도록
   아직도 흐르고 있을 것 같은

   하얀색 몸체를 가진 작은 성당, 하우현

4. 은사님은 이미 의왕땅, 지구별을 떠나
   먼먼 어느 별 어디쯤에 계시겠지요

   저 너머 목너미 마을에
   소복하게 눈이 쌓이는 날
   눈에 갇혀 은사님의 시를 읽어줄
   눈 밝은 착한 이를
   그 별에서 내려다 보시며
   영혼 가득 미소 지으시겠지요

한 눈을 가리고

한 눈을 가리고 세상을 봅니다
맑은 하늘, 구름, 고운 꽃,
푸르른 나무만 보라고 하십니다
그가 지으신 놀라운 들판에
이름 없는 들꽃을 보라고 하십니다

한 눈은 주님을 보고싶어 하면서
한 눈은 금잔을 바라봅니다
반짝반짝 빛나는 자개 보석함을
바라봅니다

한 눈이 뻘겋게 부어올랐습니다
의사는 약을 넣고 안대로 가렸습니다
또 한 권의 시집을 묶으려고 퇴고하던 원고 더미들
눈 혹사하여 눈에 열꽃 피어 부었다네요

한눈을 가린 채
먼 길을 걸어
주님의 성전을 찾아갔습니다

두 눈을 감고
주님의 성체聖體를 바라봅니다

두 눈을 감으라
세상을 향한 눈을 감으라
눈을 감고
하늘을 바라보아라

그가
말없이 말씀하십니다

2024. 12. 10.

장례 미사

우리가 성당 계단을 올라갔을 때
이미 수산나 자매가 누워 계셨다
누군가 여럿이 그녀가 담긴 나무 상자를 들어 올려놓았나 보다
이생에서 드리는 마지막 미사는
누구나 자신의 발로 성전의 계단을 오르지 못하지

신부님과 여러 신자들이
십자가를 들고 성전 문 앞, 자매를 마중 나갔다

어느 미사 때나 우리들은 성수를 찍어
이마와 가슴, 어깨에 성호를 긋고 나서야
성전에 들어설 수 있다

오늘 그녀는 특별히
사제가 성전 문 앞까지 나아가 성수를 뿌려주고
성전 안으로 입장한다. 바퀴를 타고.

사제는
제대 아래, 향나무 상자 집에 누워 있는 그녀에게
향 연기를 뿌린다
 "이 영혼을 받으소서.
이 영혼을 빛으로 인도하소서.

이 영혼이 성인들과 한 식구 되게 하소서"
우리들도 기도했다

자매의 나무집 옆을 지나,
죽은 이의 관 옆을 지나

영원한 생명의 양식을 주신,
성체를 받으려 앞으로 나가는
살아 있는 이들의 줄 이은 행렬
미사 시간 내내
눈물이 줄줄 흘렀지만,
관속에 누워서 드리는 그녀의 마지막 미사가
그녀의 마침표가 아니라는 걸 우리들은 알고 있었다

미사가 끝나고
영구차가 성당 마당을 빠져 나갔다
"안녕히 가세요" 누군가 인사를 하고
누군가는 성호를 그으며, 화살 기도를 올린다

"저 영혼을 주님 품에 안아주소서"

두 여인

1.
오래전, 진흙 위에 맨몸으로 거닐던 여인 있었다
길게 내두르던 뱀의 붉은 혀에
입안에 군침을 삼키던 여인*은 에덴동산에서 쫓겨났다
슬피 울며
여인의 눈물이 천둥 번개 치는 먹구름 세월 지나도록
여인들은 아이를 낳곤 했다

2.
먼 훗날
한 여인**이 혓바닥 붉은 뱀의 머리를
맨발로 밟고 서 있다

2천여 년이 흐르도록
그 여인은 앉지도 않고 서 있다
지구별 어느 성당에나 어느 집에나
그 여인은 뱀 머리를 밟고 서 있다

몇 천 년이 지나도록
지구별에 사는 착한 여인들은
그녀에게 장미 화관을 날마다 바친다

구할 것이 많은 아담과 하와의 자손들
의 기도는

때로는 눈물 방울이 되고,
때로는 버들 피리가 되었다

오늘도 교우들의 집에서
장비 빛 기도,
묵주알마다 촛불 속에서 타오른다

갈보리 언덕, 오후 3시의 형틀
핏물 가득 쏟은 33살의 청년
천둥 번개, 빛 잃은 칠흑 먹구름 속에서도
그 곁을 지켰던 그 여인
로사리오***의 장미

* 하와(이브) : "선악과를 따먹으면 눈이 밝아져서 하느님처럼 될 거라"는 뱀의 유혹을 이기지 못하여 에덴 동산에서 선악과를 따먹고 아담에게도 먹게 했다. 그 벌로 에덴 동산에서 쫓겨나 인류는 죽을 수 밖에 없는 운명에 빠지게 되었다. 하느님은 아담에게 노동의 고통을 주셨고, 이브에게는 산고産苦의 고통을 주셨다.
** 성모 마리아 : 예수 그리스도의 어머니, 성령으로 예수를 잉태하여 낳아 하나님의 구속 사업을 이루는 일에 협력자 역할을 한다. 평생 동정을 지켰으며, 예수 그리스도의 부활 승천 후에 그의 제자들과 함께 초대 교회를 세우는 일에 중추적인 역할을 한다. 하와로 인해 인류는 죽을 운명에 빠지게 되었고, 성모 마리아로 인해 인간에게 구원의 문이 열리는 단초가 된다. 하여 성경에 두 여인은 매우 대조적인 인물이다.
*** 로사리오 : 천주교 신자들이 하나님께 묵주 기도를 드릴 때 쓰는 성물. 큰 구슬 5개, 작은 구슬 54개를 줄에 꿰고 끝에 십자가를 단다. 사도신경, 주의 기도, 영광송, 자비송, 성모송으로 이뤄져 있으며, 묵주알을 굴리며 기도들 바친다.

아네모네의 기다림 1

                  발신자 : 2천여 년 전 유대 산골 마을 에인케렘
                            수신자 : 2025년 지구 마을

요한의 어머니 엘리사벳

겨자꽃 노랗게 흐드러진 들길을
엘리사벳은 걸었다네. 배부른 몸으로

잣나무 우거진 녹푸른 유대 산골 마을에
몇 달째 몸 숨기고 있었지

벙어리 되어 돌아온 남편은 오랜 침묵으로
오직 하느님과 맘속 말만 하고
그녀의 나이 많은 외로움은
하얀 달처럼 야위어갔을 테지

아네모네의 기다림 2

엘리사벳을 찾아오신 성모님

먼 길
들길 돌길 산길 나흘 길 걸어 걸어,
나 어린 처녀 마리아가 찾아왔다지
꼭 쥐었던 손을 펴자 푸른빛 아네모네 꽃잎이
기다림을 기다리고 기다리고 기다려
샤론의 꽃을 품고 왔다네

"은총이 가득하신 마리아여
기뻐하고 기뻐하소서
복되고 복되신 마리아여" 엘리사벳은 노래했지

*세례요한의 어머니 엘리사벳이 5개월간 은신하여 살던 유대의 산골 마을

아네모네의 기다림 3

광야의 세례 요한

높은 곳에서 별이 우리를 찾아오실** 때가지
별의 신발 끈을 매기도 부끄러워하는 이***
살진 사제의 식탁을 버리고
메뚜기 석청으로
광야에서 기다리고 기다렸지
광야의 별 밤을 지나고 바람의 옷자락이 찢어질 때도
컴컴한 감방에서 동백 모가지처럼
은쟁반에 받쳐질 때도

별이
높은 곳에서 지구 마을 흙길에 찾아오시길
기다리고 기다렸지
아네모네 푸른 꽃잎****

성탄절 전야에

** 루카복음 1 : 78 ~ 80 "높은 곳에서 별이 우리를 찾아오시어/ 어둠과 죽음의 그늘에 앉아 있는 이들을 비추시고/ 우리 발을 평화의 길로 이끌어 주실 것이다" 세례 요한의 부친 즈카르야의 찬양시
*** 세례 요한
**** 아네모네는 이스라엘에 흔한 꽃이며, 푸른 아네모네는 기다림이라는 꽃말을 지닌다. 메시아를 오랜 세월 기다려온 유대인을 상징한다.

긴 침묵의 보랏빛 회개가 끝나고

#1. 즈카르야

즈카르야의 침묵이
나뭇잎 되어 산길에 떨어질 때
눈물이 되어 주님의 발밑에 떨어질 때
주님의 마음을 여는 열쇠 되었네

주님의 약속은
아내 엘리사벳의 나이보다 단단하시기에
벙어리가 된 즈카르야의 고요한 맘속 말은
안으로만 안으로만
보랏빛 회개의 촛불로 녹아,
눈물의 꽃불로 불탔네

회개를 기뻐하시는 주여
한마디도 내뱉지 못했던 즈카르야의 혀는
10개월 만에 입을 열어
오실 아기의 탄생을 예찬했네

"높은 곳에서 별이 찾아오실 거라"고
그 별은 베들레헴 마굿간
낮은 곳으로 내려오셔서,
우리에게 평화가 길이 머물게 하실거라고

늙은 제사장 즈카르야는
보랏빛 촛불의 열 달
긴 긴 밤이 지나고 나서야
허물어진 성전을 3일 만에 다시 세울
천상에서 찾아오실 별을 알아보았나 봅니다

그 옛날 허물어진 성전의 사제 즈카르야가
피우던 향 연기는
　"갈보리 언덕에 생명나무, 33살의 청년"을
기다린 오랜 기다림이었나 봅니다

#2. 돌아온 탕자

2천여 년이 지난 오늘
그녀도 긴긴 보랏빛 고해의 시간을
지나고 나서야
다시 그 고요를 담습니다
만주 벌판의 광활함이라든지
우스리스크 햇살 쏟아지던 물가의 우수를 지나
먼먼 광야의 모래 바람을 지나고 나서야
보랏빛 회개의 촛불을 켭니다
고요하게 고요하게

성탄절 전야에

---

* 즈카르야 : 세례 요한의 부친. 성전 분향소에서 향을 피우고 있을 때 가브리엘 천사가 찾아와 즈카르야에게 아들을 낳게 될 것을 예언하였으나, 이를 믿지 않아 갑자기 벙어리가 되었다. 아내 엘리사벳이 늙은 나이에 아들을 낳자 아들 이름을 요한이라고 짓고 천사의 예언을 믿자 혀가 풀렸다. 10개월 만에 입을 열어 그는 아들 요한은 천상에서 내셔오실 별(예수)을 기다리고 준비하게 될 것을 예언하며, 메시아(예수)의 탄생을 예찬하였다.

나목이 되고 싶다
- 절두산 성당 루르드의 성모 순례

흰 눈이 소복하게 쌓일 때만 자라는
나무가 있다

번쩍이는 네온사인 화려했던 불빛들 떨쳐버리고
묵묵히 하늘 향해
가지를 뻗고 터널을 지나온
나뭇잎 같던 시간의 그리움은
연둣빛으로 익어 가던 순례자의 신발끈이었다

바람 속에 물소리 조용히 들릴 때만 자라는
나무가 있다
겹겹이 쌓인 염려를 묵주알에 맡기고
한결같이 찾아가던 그곳 순례자의 기도 길
나뭇잎 사이로
알지 못하는 바람이 와서 옷자락을 만진다
듣지 못하던 햇살이 와서 마음 갈피를 뒤적인다

한강 양화진 나루터를 보며 서 계신 이*에게
말뚝처럼 깊이 땅에 박아두었던
설움의 기도를 토한다

거꾸로 서서 맘속을 들여다볼 때만 자라는
나무가 있다
시간을 돌려 촛불을 밝히고 용서를 빌어본다
나무가 쑥쑥 자라
주님께 닿는다면
솔직한 용기를 달라고 기도하고 싶다

아무도
아는 이 없는 성당 고해실을 찾아가
잎 푸르른 나목이 되고 싶다
나목에
나비도 찾아오고 새들도 찾아오도록

성탄절 전야에

* 김대건 신부 : 1846. 8. 21 ~ 1946. 9. 16.
  한국 최초의 가톨릭 신부이자 순교자. 세례명은 안드레아

달맞이꽃

#1. 대림待臨의 광야

하늘에서 찬란한 종소리가 온누리에 울릴 때
비바람 불던 언덕 위에
모래바람 일던 광야의 들판에
태양이 떠올라
세상은 하얀빛 소담한 꽃으로 피어납니다
그늘진 언덕 아랫마을 병든 이들 주름과
걸음조차 걷지 못하고 어기적거리는 지팡이에게도

하늘에서 울리는 종소리는
하늘에서 내려오던 푸른 별을 맞이하려고
밤마다 밤마다
비바람 맞으며 돌베개로 지내던
달맞이꽃의 긴 준비였습니다

#2. 현대의 공항 활주로

하늘로 비행기가 떠오르는
공항 활주로에서 이륙을 준비하는 오랜 기다림처럼
창공을 날아 구름 위를 뚫고 오르는 날개의 비상에서

가슴 떨리는 환희를 봅니다

소녀여
구름 위를 걸어본 적이 있나요
물 위를 걸어가던
2천여 년 전 이스라엘 나사렛에 한 청년 있었다지요
광야를 걸어 헤매던 소녀들은 모래바람에
눈 비비며
여기저기를 살금거려도 찾지 못했다지요
그 보물을 보물을

하늘에서 울리는 종소리는
어부들이 월척을 갈구하며 그물에 만월을 기다리듯
달맞이꽃에 내리는 달빛을 깨웁니다
하늘에서 울리는 탄일종 소리는
가슴 떨리는 찬란한 환희입니다

* 사전적 의미는 텅 빈 벌판이다. 시와 문학에서 흔히 쓰이는 표현으로 "식생은 아무것도 없는 모래와 자갈의 땅, 옥토의 반대 개념"이라고 하겠다. 이육사 시인의 〈광야〉나 성경에서 흔히 비유로 많이 쓰였으며 고난과 역경의 땅을 의미한다고 하겠다. 캐톨릭성가 〈광야의 저 들판〉, 김광석의 민중가요 〈광야에서〉 등을 생각해본다. 그러나 필자는 "젖과 꿀이 흐르는 가나안"의 반대 개념으로 이 시어를 사용했음을 밝혀둔다.

고해실 앞에서

고해실 앞에서
문고리를 잡고 망설이는 것은
지극히 소심한 작은 종이에
적을 게 많아 붓끝이 파르르 떨리기 때문이다

무한의 사면赦免이 놓여 있는
그 문고리를 잡고
작은 점 하나 토설하지 못하는 것은
한없이 기어들어 가는 페르소나*

써 내려간 문장마다
삐뚤삐뚤 일그러진 쉼표와 마침표 사이에
행간마다 후회가 도돌이표를 그리기 때문이다

며칠마다 반복되는 악몽으로 잠을 설치는
새벽마다 머릿속에 풍랑 일던 낮은 음자리표의 칸타타
성수를 찍어 성호를 긋는다

속눈을 감고 마음 문고리 잡고
백합화 피어날 그곳
세상 모든 이들도 그러하다고
비로소 그늘진 곳을 벗어내고 싶은 곳

문고리 젖히고 들어오길 기뻐하실
주님께서 기다리고 계신 곳
주님께서 기다리고 계신 곳
순백의 자리에서 하얀색 백합화
만발하고 있을 터인데

(사제는 아무도 들어오지 않는 사제석에서
기다리고 기다리다가)
문고리를 열고 허탄하게 나와
미사성제를 거행한다

그녀는 고해실에 들어가지 못한 소심함을
후회하면서 성체를 기다린다
하얀 백합** 꽃잎으로 그녀의 손바닥 위에
내려오실 성자의 그윽한 향기를 생각한다

성탄절 전야에

---

* 페르소나(persona) : 심리학에서 남에게 보이고 싶은 모습, 가면, 체면 등을 말한다. 반대 개념으로 shadow가 있다. 그림자라는 뜻으로 솔직한 감정 또는 욕망 등을 이르는 용어이다.
** 백합의 꽃말 : 순결, 변함 없는 사랑

샤론의 꽃

인사동 어느 카페 골목을 걷던 발길이
이제는 당신을 찾아가렵니다
먼 길을 걷고 걸어 찾아가는 길에
돌 틈을 비집고 살아나온 작은 키 제비꽃
보라를 봅니다
발길을 멈추고 엎드려 꽃잎 속에 꽃심을
들여다봅니다
그 속에도 당신은 계시었습니다

눈 내리던 명동 거리를 헤매던
바람의 뒤 꼭지도
맘의 공허를 채우지 못하고
눈 내리던 터널을 기차 꼬리 끝에 매달려
멀리 묵호 해변에서 조개를 찾을 때도
진주알 시간의 사금파리를
얻지 못했나 봅니다

달이 떠오르길 고대하던 바람의 언덕에서
달님을 기다리며
목마르게 피었던 달맞이꽃

해가 뜨면 꽃잎 다물였다지요

달이 떠오르길 고대하던 종현동 언덕에
성당의 뾰족지붕 종탑에서도 성탄을 알리는 종소리
울려 퍼졌으렵니다

이제는 숱한 불면의 밤을 지나
당신의 샤론을 얻으려 나아갑니다
달그림자 짙게 드리운 밤에도
비바람이 옷자락을 휘감아 베레모를 날려 버린다 해도
샤론의 꽃 당신 한 분을 만나러
바람의 언덕을 찾아 먼 길을 돌아 돌아
이제는 당신 계신 곳,
감실 속에 계실 영원히 지지 않을 꽃, 당신을
찾아갑니다

성탄절 전야에

귀환 그리고 돌 틈에 비둘기
- 가지 않은 길

먼 광야의 비바람을 헤치고 돌아온
그녀는
무덥던 뙤약볕 여름을 기억한다

광야의 열기가 바람을 타고
원피스 살갗 속으로 스며 들어와도
말간 꿈의 시간을 채우고 끌어내어
날마다 묵주알을 채운다
장밋빛 기도가 타들어 가던 밤이면
얼마쯤은 촛불이 녹아 불꽃이 되고
얼마쯤은 촛불이 불타 솟구치는
구름 기둥이 되었다

산마루에서 바람의 소원이
한데 뭉쳐
화가의 물기 어린 눈빛으로 화면을 채우듯
마음 갈피 갈피에 꽂아둔
온갖 소원을 꺼내 화폭을 채운다

화폭 속에는
단단한 열망은 늦게 이루어지는 기도처럼
느리게 가는 시계 바늘은
강을 건너 귀환하기 전에
꿈꾸었던
여름 나무의 무성함을 뒤돌아다 본다
반짝이던 박수갈채 소리와 수십 세월 쌓인
원고지의 무게

저만치에서
지극히 지극히 사랑하는 자의 목소리
이제 겨울 지나고 비도 그쳤으니
길을 떠나자* 한다

촉촉한 이슬이 새벽길을 적실 때
돌 틈 은밀한 곳에 얼굴을 숨긴 비둘기 한 마리
날아오른다

성탄절에

* 아가서 2장 10 ~14

빛과 소금

다음 생에서 다시 피어난다면
잔무늬 잔잔한 붉은 꽃잎
접시로 태어나고 싶다

영혼의 갈한 목마름까지도
소금 빵처럼 담겨
날마다 그대의 아침 식탁에 오르고 싶다

연정의 손길이 살아
훈훈한 몸의 전율과 포도주도
모두 맑은 호흡으로 순화시켜
가슴으로 맛을 내는
그런 술잔이 되고 싶다

시로 빚은
투명한 푸른 하늘과 구름 하얀
새들의 지저귐을 넣어 만든
맛갈난 찬이 되어
그대의 식탁을 밝히는 촛불이 되고 싶다

다음 생에서 다시 태어나도
잔잔한 미소와 함박꽃으로 맛을 담아내며
눈빛으로 외로움을 버티게 하는
그대의 한 편의 시가 되고 싶다

                                              2024. 12. 26.

겨울나무의 품위

1. 겨울 정류장

겨울나무는
나뭇잎을 가지지 않아야 품위가 있다

오기로 한 당신이 오지 않은
겨울 정류장에 바람이 들이쳐
종아리를 파고든다

길 건너 가로수 이파리는
초록을 잃고 커피색이다
나뭇가지에 아직도 닥지닥지 붙어
하강을 거부하고 있다

겨울나무는
나뭇잎을 가지지 않아야 품위가 있다

내려놓아야 봄의 양분
출렁이는 공중에서
따뜻한 볕으로 가득 채울 수 있으리

당신과 걷던 그 길을
겨울바람과 손잡고
겨울 빛 번쩍거리는 그 거리를
혼자 걷는다

당신과 함께 나누었던
푸르른 여름 식탁에 노란 꽃무늬 접시랑
파도 빛 보울bowl을 사다가
당신이 있는 양 식탁을 차리고 싶다

2. 갈릴리 호숫가

빈 그물을 들어 올리던 베드로의
허전한 갈릴리 호수에
봄을 재촉하는 보슬비 촉촉이 내렸다지
물 위에 떨어지는 빗방울은
수면에 물방울 꽃들을 그대로 담았다지

나도
혼자 걷는 겨울 거리
빈 그물에 햇살 그을린 바람만 가득 담는다

주님을 부인하고, 갈릴리로 돌아갔던
움츠린 어부의 어깨에 달빛 드리우던 밤에도
어부의 그물은 물고기들로 가득 차야 품위가 있다

주께서 이르는 데로 가서
그물 던지니
잡힌 고기 153마리였다지

주여, 저에게도 한 말씀만 하소서
갈릴리 호숫가 빈 그물에
장미 화관 가득 채워주소서
겨울나무에 알알이 피어날 화관

2024. 12. 26.

샛별로 뜨게 하소서

석류알처럼 속이 꽉꽉 찬 여름내
천부의 손끝에서 익어가는
이브의 영원한 석류알 알맹이에서
태초의 휘파람 소리가 들린다

태양이 익혀준
시고 달콤한 입술의 유연한 몸짓으로
촛불을 켜는 그 순간만큼의 진정으로
첫날밤을 기다리는 잉어 새의 목마름으로
여름은 그렇게 익어 간다

천애의 노을 진 가슴과
밤마다 내렸을 이슬 방울 마다 맺힌
어머니의 두 손 모은 기도

주여,
평화 평화가 길이 머물게 하소서
저녁 담을 넘어온 저녁별이
산을 넘는 동안에도
새벽을 달리며 다시 샛별로 뜨게 하소서

2024.12.26.

골고다 언덕에 그 여인
   - 막달라 마리아

그녀는 거기에도 있었다
그가 못 박히던 골고다 언덕, 십자가 날개 밑에
그의 손에 못이 박히고
그의 발에도 못이 박히고
가시관
머리부터 발끝까지 채찍으로 살점 떨어져 나간
피투성이 피범벅이 된
그녀의 스승 곁을 그녀는 끝까지 지켰다. 눈물로 오열하며
(함께 처형될 수도 있는 사슬 두려워 않고)

따르던 다른 열두 제자*는
어디로 갔는가?

스승이 숨을 거둘 때도
시신이 형틀에서 내려질 때도
돌무덤에 장사지내질 때도
그녀는 끝까지 지켰다. 눈물로 오열하며

안식 후 첫날 미명에

그의 돌무덤을 막아 두었던 돌문 열려
다시 살아나신 눈부신 모습, 그녀에게 처음 보이셨다
놀란 가슴을 안고 그녀는 뛰었다
스승의 시신에 바르려 가져갔던 향유 단지를 내던지고

일곱 귀신 들렸던 여인
물이 변하여 포도주 되듯
어둠에서 빛의 사람 되어
부활을 전하는 첫 비둘기 되었다

오늘도 그가 다시 오시길 기다리고 있으리라
보랏빛 아네모네 꽃 되어

빈 들에 가득

* 예수의 12제자 중, 가롯 유다는 목메달아 자살하고, 나머지 11제자 중 요한만이 십자가 밑에 함께 했고, 나머지 남성 제자들은 모두 몸을 피했다.(요한복음 20장 11~18절) 그러나 오순절(예수 부활 후 50일째 되는 날) 제자들이 모인 곳에 성령이 강림하자, 이들은 성령이 충만하게 되어 전교활동을 시작하게 되고 온 생애를 전교에 헌신한다.

미사성제

1.
미사 시간은
꽃잎을 앙다문 꽃심의 어디쯤에서
꽃대에 걸린 햇살 아침이다

부글부글 끓이다가
중심을 잃은 마음의 출렁임
가시 많은 나뭇가지에 달린
잎사귀들의 귀환이다

우수수 떨어져
바닥으로 내려앉은 낙심, 그리고
다시 눈부신 빛을 갈망하는
어린 새의 가녀린 눈빛이다

곁눈을 감은 여린 새순이
싹트길 기원하는 에덴의 길목
장식 없는 성당 유리창으로 들어오는
아침 햇살로 마음을 빗질하며
유리알처럼 맑아지길 기도하는
새벽 여명의 눈부심

오늘도 그녀는
엉클어진 옷자락 같은 마음을 질질 끌고
햇살 밝은 그 자리에 앉아
나신裸身의 가시관 청년을 묵시한다
언제나 아무 말이 없으나
언제나 답을 주는 햇살 가득한 그 자리

"여기가 좋사오니, 여기가 좋사오니"

2.
수목장으로 나무 밑에 두고 온 김 시인의
모자이크 초상화며
언제까지나 도도할 것 같은
재로 남은 문 교수가 남기고 간 안경알이며
잔칫집 같던 축제의 건배에서 덩그마니

돌아온 자리

"여기가 좋사오니,
 여기가 좋사오니"

먼 광야의 모래바람 회리 속에서도

숱한 불면의 밤 언어의 광주리에서도
찾지 못한 목마름
타들어 갔던 탄타로스의 갈증처럼
그러나
대답 없던 님의 목소리, 여기 성전에서 들리오니

"여기가 좋사오니,
 여기가 좋사오니"

장식 없는 성당 유리창으로 들어오는
아침 햇살로 마음을 빗질하며
유리알처럼 맑아지길 기도하는
새벽 미명의 눈부심

2024. 12. 29.

---

* 탄타로스의 갈증 : 그리스 신화에 나오는 말로, 탄타로스는 타르타로스 연못에 버려지는 형벌을 받는다. 연못가 과일 나무에 과일이 풍성하게 열렸으나, 탄타로스는 연못에 몸이 빠진 상태였기에 아무리 애를 써도 나무에 열린 과일을 입에 넣을 수 없는 형벌을 받게 된다. 아무리 애써도 채워지지 않는 인간의 욕망에 대한 갈증을 비유할 때 흔히 차용되는 신화이다.
** 마가복음 9장 2절, CCM 찬양 〈거기에서 네형제를 데려오라〉, 최규철 시인의 시집 「여기가 좋사오니」 등의 표현을 차용

촛불로 타다

미사 때마다 제대 위에 촛불을 켭니다

자신의 몸을 녹이며 타고 계신
샤론의 꽃
그를
우리는 미사 때마다 봅니다
불새로 타고 계시는
꽃불의 빛

사제는
우리들에게
날마다 살아나시는
그 빛을 가슴마다 하나씩 나누어주고

그 빛을
그 불꽃을 들고
우리는
세상으로 나아갑니다

* 미사 때마다 성찬의 전례에 행하는 영성체를 의미한다.
  미사 때 사제가 호스띠아(그리스도의 몸)를 영세 받은 이들에게 하나씩 나누어주고 신자들은 호스띠아를 영하는 것을 영성체라고 한다

동굴의 어둠을 뚫고

1.
동굴이 차갑고 어두워도
무섭지 않은 이유는
어둠을 깨고 나오신 촛불이
있기 때문이다

불 꺼진 그들의 성전
모인 이들은 밤새
손에서 손으로 빛을 전했다
내가 너에게
너가 그에게
그가 그녀에게 전해도 전해도
그 손에 든 촛불은 작아지지 않고
더 밝게 빛났다
성전은 빛으로 충만하고
옆으로 옆으로 번져가는 빛의 위로

새벽 미명에
세마포를 벗고 어둠에서 일어나신
서른세 살의 청년과 일치를 이루며

오늘 우리가 모인 이곳에서
세상 끝까지
빛을 전하리라

2.
주여
이 밤에 옆 사람 촛불에 불을 부쳐 주듯
고요하게 고요하게
샤론의 꽃 당신의 빛을
날마다 날마다 땅끝까지 전하게 하소서
어둠을 이기신 당신의 빛나는 비밀
노란 꽃잎 하르르 하르르 번져가듯
당신의 빛은
어둠 뚫고 번져가리라

수선화 꽃잎의 향기 되어
노란 불꽃의 불새 되어
노란 꽃잎의 눈부심 되어

부활절 아침에

향유와 가시관 그리고 못

#1.
이천여 년 전,
옥합을 깨고
어느 여인이 그의 머리에 값진 향유를 부었다
베다니아 나병 환자 시몬의 집에 계실 때였다
(나병이 옮을까 무서운
그들이어야했을 터인데)

한 로마 군사는
(값진 향유 대신)
그의 머리에 가시관을 씌웠다
가시가 그의 머리를 찌르고
붉은 선혈이 철철 흘렀다
그의 이마와 얼굴 여, 저기에

*마태복음 26장 6~13절
**마태복음 27장 29절

#2.
감람산 남동쪽 기슭 작은 마을 베다니아
나자로의 집
마리아는 값진 나드(Nard) 향유를
그의 발에 붓고

긴 머리카락으로 그의 발을 닦아 드렸다
향유 냄새가 온 방에 가득하였다

골고다 언덕에서
한 로마 군사는
(값진 향유 대신)
그의 발에 못을 박았다
그의 손에 못을 박았다
찢긴 살과 채찍에 짓이겨진 살점
붉은 선혈 흘러 골고다 십자가 밑에 가득하였다
칠흑 같은 어둠이 온 땅을 덮었다

들과 언덕 기슭에 흐드러진
수선화 하얀 꽃잎도 숨을 죽였다
꽃잎 속에 노란 꽃술도 숨을 죽였다

땅이 흔들리고 바위들마저 갈라졌다
성전에 휘장이 두 갈래도 찢어졌다***

*요한복음 12장 1~8절
**마태복음 27장 35절
***마태복음 27장 51절
* 나드 향유 : 그 당시 노동자들의 1년 연봉에 해당하는 값비싼 향유였음

촛불
- 그리스도의 몸

오늘은 연두색 초를 만들고
그 위에 샛노란 수선화꽃을 만들어 올린다
심지에 불을 붙여본다
꽃심에서 말없이 공중을 향해 꼿꼿이
금빛으로 타는 촛불을 물끄러미 바라본다

따뜻한 작은 위로
촛불 속에 세상을 다 가진 듯하다

저절로 손을 모으고
마음을 모은다
이렇게 몸을 녹여 빛을 내는 저 불씨를
네 가슴에도 전하고 싶다
겸허하게 빛나는 저 불빛을

세상 금화를 탐내지 아니하고
금빛으로 빛나는 빛의 위로
염려로 기침하는 너의 가슴에
어둠 속에서 절망하고 있는 너의 가슴에

초candle 위에도 내려와
그 몸 녹이시며 빛을 내시는
따뜻한
그의 빛을
너의 가슴에 전하고 싶다

수선화 향기를 내며
언제까지나 너를 위해 기도하고 계실

오늘도 꽃심에서 꽃불로 타고 있다

2025.04.22.

수선화 향기 : 샤론의 꽃은 예수 그리스도를 의미하며, 수선화꽃을 이른다.

죽산 장미 전쟁
- 죽산 성지에 다녀와서

나지막한 기와 돌담으로 둘러싸인
그곳은 성역
장미꽃 아치 터널, 장미 정원

아침 공기 맑은
잔디 언덕을 올라 그들의 묘역을 보았지
노비였을지 상민이었을지 중인이었을지
귀족도 아닌 이들이
연둣빛 비단 이불 덮고
둘레 석 두른 묘소에 잠들어 있다

"이진二陳터에 끌려가면 다시는 돌아오지 못하니 잊으라"
하였다지
잊은 터에, 붉은 장미꽃처럼 뚝뚝 모가지 떨어졌던 이들
하늘 아버지의 복된 자녀 되길 택했던 그들
하늘 아버지는 그들이 사람들에게 잊힐까 저어하여
천만 송이 장미 심어 초여름처럼 만발하게 하시는가

해마다 다시 피는 꽃
반드시 다시 피는 꽃

그들을 잊고
꽃을 보러 오는 이들도 있다지만
잊지 않고 다시 피어나는 장미꽃
꽃잎 꽃잎은,

2025. 06. 01

* 이진二陳터 : 고려 때 원나라 군사(오랑캐)가 진을 쳤던 곳이라 하여 이진터라 불렸다는데, 천주교 박해 시기에 "그곳으로 끌려가면 살아 돌아오지 못하니 잊으라" 하여 잊은 터라는 이름이 더해졌다. 〈치명일기〉와 〈증언록〉에 의해 밝혀진 25기의 무덤이 둘레 석에 둘려 모셔져 있다.
* 죽산 성지 : 경기 안성시 죽산면에 있는 천주교 성지이다.
  1886년 병인박해 때 천주교 신자들이 심문과 고문에도 신앙을 버리지 않고 목숨으로 신앙을 지킨 순교 터이다. 장미 아치 터널과 장미 정원이 매우 넓게 잘 조성되어 있어서 장미를 보러 오는 이들의 발길이 끊이질 않는다.

붓꽃의 하루를 생각한다
- 배티성지에 다녀와서

아무것도 쓰지 않은 백지 같은
파란 하늘이었을 것이다
돌배 많이 나던 배티 고개
그 고개를 넘어 한 줄기 빛이 당도하느라
고개 마루에 돌들 부서지고
나뭇가지도 찢어졌을 것이다
뚝뚝 흘리던 고개 마룻길에 낭자했던 핏물, 신음 소리
오늘도 들리는 듯

9만 리 들길 산길 자갈길
비바람, 천둥 번개 속에서도
짚신이 헤질 때까지 걷고 걸으셨으리라
선한 목자 양업 신부님*

꿈길마저 고단했을 들길에
보랏빛 붓꽃 피어
몇백 년이 지난 오늘도
하늘에 쓰고 싶은 붓끝의 말씀은 무엇일까

섭리를 생각한다

최양업 신부님 계셨던 초가 옛성당**을 찾아
우리는 걸었다
들길에 이름 모를 흰 꽃잎, 노란 꽃술이며
초가 돌담 앞자락에 핀 작약꽃이며
붉은 마음 더 붉게 하늘에 오늘도 쓰고 있다
그가 걸어간 9만 리 길
그가 살아낸 길

오늘도 우리 위해 기도해 주시겠지
당신 찾아 새벽길 달려온 착한 이들의
긴 기도 편지를
하늘에 전해주시겠지

하늘 맑아 구름 하얀 배티 고개
오늘도 하늘에 쓰고 있다
보랏빛 붓꽃이 되어
진분홍, 빨간 작약꽃 되어

2025.005.30.

*최양업崔良業 신부 : 1821. 3.1.~1861.6.15. 김대건 안드레아 신부를 이은 한국 가톨릭 교회의 두 번째 사제. 본명 최정구崔鼎九이고 세례명은 토마스이다.

**최양업 신부님이 성당 및 사제관으로 쓰셨던 초가집. 조선대목구 최초의 신학교 (최양업 신부님이 1853년부터 3년간 신학생 지도). 돌담 위에 분홍색 작약과 빨간 작약꽃이 피어있다.

배티성지는 최양업 신부의 사목 중심지이며, 박해시대 교우들이 모여 살던 비밀 교우촌이었으며, 많은 천주교 신자들(有名, 無名)이 순교하고 묻힌 성지이다. 복자 오반지 바오로 무덤과 14인 무명선교사 묘소, 6인 무명순교자 묘소가 있다.

배티 성지 성당

배티 옛 성당

배티 옛 성당

죽산 성지 순교자 묘소

죽산 성지 장미 정원

〈감상평〉

시의 본령을 획득한 시, 새로운 발견

　시의 본령은 삶에 대한 서정성의 획득과 치유라고 할 수 있다. 시를 씀으로써 시인 본인의 정서가 순화되어 카타르시스를 얻는다면, 그 시는 성공을 거둔 것일 것이다. 더 나아가 독자들에게서 공감共感을 얻고 독자들에게도 위로와 평안 더 나아가 구도求道가 된다면 시의 대업大業을 이룬 것이라고 할 수 있다. 이번 시집「다시 눈부신 하루」를 읽으면서 그런 느낌을 강하게 받았다.

　시집 전반부에서는, 제주살이와 여행에서 얻은 사유가 다양한 이미지로 형상화되고 있다. 위로와 진리를 찾아 헤매는 구도자의 한 걸음 한 걸음이 시에서 읽힌다. 여행지에 따라오신 님(강 시인의 주님)을 만나고 님의 임재와 임마누엘을 느끼는 구절이 시 속에 잘 녹아 있다. 그 감동을 직접적으로 드러내거나 독자들에게 설득하려는 "말하기" 보다는 조용하게 이미지로 "보여주기"의 시 쓰기 기법으로 시의 형상화에 성공하고 있다.

　강 시인은 광야의 오랜 여행 끝에 마침내 영혼의 가나안(안식처)을 발견하고 있음을 시에서 읽을 수 있었다. "주님의 빛"이

그것이다. 그리고 그 빛을 옆 사람에게 전하고 싶은 마음으로 시집을 낸다고 했다. 옆으로 옆으로 빛이 전해져서 충만한 빛이 모이길 기도하는 마음이라고 했다. 고요한 평화가 느껴지는 시집이다. 읽는 이들의 가슴마다 고요한 평화가 스며들 것이라 확신하다.

  또한, 강 시인은 이미 다섯 권의 시집을 출간한 바 있는 역량 力量있는 시인이다. 독립운동가 유적지를 탐방하고 와서 쓴 역사 기행수필집을 세 권이나 출간한 야심 찬 문학인이다. 독립운동가 유적지 탐방을 위해서 멀리 만주 블라디보스토크, 우스리스크, 중국 상해 뿐 아니라 일본에도 7차례나 다녀왔다고 한다. 유적지를 찾아서 전국 곳곳을 탐방한 것으로 알고 있다. 그 열정이 식었는가 싶더니, 강 시인의 문학의 행보가 성지 순례 길로 옮겨진 것 같은 느낌이다. 〈붓끝의 하루를 생각한다(배티 성지에 다녀와서)〉, 〈죽산 장미 전쟁(죽산 성지에 다녀와서), 〈의왕 땅 지구별 어디쯤(하우현 성지에 다녀와서)〉, 〈나목이 되고 싶다(절두산 성당 루르드의 성모 순례)〉 시들에 역력히 드러나고 있다. 강 시인의 문학적 행보가 어디로 옮겨가든, 강 시인은 남다른 감수성으로 가는 곳마다 여정 – 견문 – 감상을 넣어 시를 맛깔나게 잘 써서 시의 형상화에 성공할 것이다. 필자도 시인의 한 사람으로서, 강 시인의 행보에 응원과 기도를 보낸다.

최 홍 준
(시인, 사회복지학 박사, 안양재향경우회 회장)

〈감상평〉

생명과 부활을 반추하는 통합적 언어미학

　우리는 무슨 이유로 살아가는가? 삶과 존재의 의미는 무엇인가? 우리들의 존재에 있어 "유한성과 무한성"은 어떤 것이며 어떤 영향을 삶에 주고 있는가?
현대인은 끊임없는 성찰의 과정을 겪어야 한다. 관련하여 시인들은 이 근원적 질문과 답변에 대해 "현대시란 언어예술의 형식을 통하여 숙명적인 창작행위를 하게 되는 것이 아닌가?" 사유하게 된다.

　21세기는 다양하고 충격적인 도전과 반응의 양태로 팽배하고 있다. 산업화된 자연환경의 질서 파괴, 인간의 소외감과 고독, 집단의 허무와 절망 같은 문제들을 포괄해서 말이다. 따라서 생명의 소중함과 희망적 부활 정신을 통해 인간성 회복과 소망스러운 제3의 세계를 구축하는 일에 의미와 가치를 부여하는 작업이 요즘 시대를 살아가는 보편적 시인들의 책무와 소명일지도 모른다.

　이번 출간되는 강소이 시인의 제6시집 「다시 눈부신 하루」

를 접하며, 현대인들의 고뇌와 공허감에 섬세한 애정과 배려, 치유와 복원의 메커니즘이 다양한 언어기술의 창조를 통해 전개되고 있음을 발견할 수 있다.

　새로운 언어와 감각을 추적하는 인식의 역동성을 기조로 영혼의 불꽃을 승화시키는 실존적 에너지의 발현 같은 직관적 표현의 열정에서 성숙한 상징의 단계로 치열하게 진입하는 파토스(Pathos)적 요소의 풍성함이 여러 작품 곳곳에 녹아 있다.
자연과 생명의 소중함, 감성과 이성, 현실과 초월, 절망과 희망의 영역을 신중하고 선명한 아름다운 언어 세계의 창조를 구축해 가고 있음도 물론이다. 시집 전체에 "평원의 잔잔한 평안"이 느껴지며 "빛의 위로 속에 빛의 새로운 희망"을 보여준다.

　존재의 의미와 궁극의 가치를 복원하고 염원하는 통합적 언어미학의 빛남이라고 생각한다. 한국 현대 시단의 일 획을 긋는 빼어난 시집이 되리라고 확신한다. 투철한 작가 정신의 열정과 의지와 깊은 노고에 아낌없는 찬사와 격려의 박수를 보낸다.

김　원
(한용운 문학상 계관 시인, 한국문인선교회 회장 역임)

姜笑耳 프로필

　　　　서울 출생
　　　　본명 : 姜美京 바울라
　　　　이화여대 국어국문학과 졸업
　　　　이화여대 교육대학원 국어교육 전공
　　　　월간 〈시문학〉으로 시 등단
　　　　샘문문학 편집국장, 도서출판 엠애드 기획이사
　　　　한국시문학문인회 이사, 이대동창문인회 이사
　　　　(사)한국현대시인협회 중앙위원
　　　　국제펜클럽 한국본부 국제협력위원

수상 : 한 · 중문학 문화예술상 수상 (시 부문)
　　　　충헌문학상 대상 수상 (수필 부문),
　　　　시민이드리는호국특별상 · 현대시인협회 작품상 수상 (시 부문)
　　　　풀잎문학상 대상 · 사상과 문학 대상 수상 (수필 부문)
　　　　국민일보 신앙시 · 한국문학상 대상 수상 (시 부문)

시집 :「별의 계단」,「철모와 꽃양산」(7쇄),「새를 낳는 사람들」(3쇄),
　　　「행복한 파종」(2쇄),「바람의 눈동자」(2쇄)
　　　「다시 눈부신 하루」

수필집 :「유적지, 그 백년의 이야기」,
　　　　「독립운동가 숨을 만나다」1,2,3권(2쇄)

평설 : 2016 「물방울꽃들은 바다로 흐른다」 (김원 시집)
        2019 「슬퍼도 숨지 마」 (조대연 시집), 「사랑받고 싶어서」 (안상제 시집)
            「한강」 (김원 시집), 「봄바람」 (강태호 시집)
            「솔향기 되어」 (최홍준 시집)
        2021 「광화문 전설」 (김원 시집), 「농부」 (김원 시집)
            「황색선 넘나들며」 (민병문 시집)
        2023 「미소짓는 흉상」 (강태호 시집), 「기쁨의 우물」 (최인경 시집)
            「히말라야의 서리꽃」 (김성배 시집) , 「낚시의 미학」 (강태호 시집)
            「다시 바다를 보다」 (이석재 시집), 「생명이 흐르는 강」 (오순덕 시조집)
            「공주의 황금빛 날개」 (안은숙 소설집)
        2024 「로멘스」 (안은숙 소설집), 「아이리스의 공주」 (안은숙 소설집)
            「잊힌 꿈을 찾아서」 (김기홍 시집), 「행복의 간극 좁히기」 (김종수 시집)
            「지구인에 대한 견해」 (김원 시집) , 「여섯 손가락」 (정은경 수필집)
        2025 「눈물 강 위에 세우는 다리」 (김준한 시집) , 「사랑의 정원사」 (김명순 시집)

심사평 : 2024 〈사랑과 괴로운 슬픔의 미학을 형상화〉 (김종진 시 심사평)
              〈언어로 그린 서정 속에 서정〉 (김샛별 시 심사평)
         2025 〈이미지의 형상화가 뛰어난 그리움의 미학〉 (이상록 시)
             〈의사 파업의 사회적 파장 小考를 다룬 시사 평론〉 (김영규)
             〈철학적 사유가 깊은 초극(超克)의 미학〉 (김강현 시 심사평)
             〈칠월 칠석날 설화〉 (김종진 소설 심사평)
             〈동병상련과 감사의 미학〉 (민병미 수필 심사평)
             〈지적이고 논리적인 수필〉 (박용수 수필 심사평)

강소이 제 6시집

다시
눈부신 하루

2025년 6월 27일 초판

저　자 | 강 소 이
발행인 | 이 승 한
편　집 | 임 선 실
발행처 | 도서출판 엠-애 드
등　록 | 제 2-2554
주　소 | 서울시 중구 마른내로 8길 30
전　화 | 02) 2278-8063/4
팩　스 | 02) 2275-8064
이메일 | madd1@hanmail.net

ISBN　978-89-6575-188-5
값　15,000원

저자와의 합의하에 인지 첨부 생략합니다.
파본은 구입하신 서점에서 교환해 드립니다.
이 책은 저작권법에 의해 보호를 받는 저작물이므로
무단전재와 복제를 금합니다.